ÉTUDE

SUR LA

MANDCHOURIE

PAR

HENRY DE ROSNY

élève de l'École des Hautes-Études.

PARIS

J. MAISONNEUVE, ÉDITEUR,

LIBRAIRE DE LA SOCIÉTÉ SINICO-JAPONAISE

25, Quai Voltaire, 25

1891.

Extrait des *Mémoires de la Société Sinico-Japonaise*.

ÉTUDE

SUR LA

MANDCHOURIE

ÉTUDE

SUR LA

MANDCHOURIE

PAR

HENRY DE ROSNY

PARIS

J. MAISONNEUVE, ÉDITEUR,

LIBRAIRE DE LA SOCIÉTÉ SINICO-JAPONAISE

25, Quai Voltaire, 25

1890.

Extrait des *Mémoires de la Société Sinico-Japonaise.*

A. M. C. DE HARLEZ

DE LOUVAIN

HOMMAGE RESPECTUEUX

DE L'AUTEUR

ÉTUDE

SUR LA

MANDCHOURIE

———

La Mandchourie est située au nord-est de l'Asie Orientale, sur le territoire arrosé par l'Amoûr et par ses nombreux affluents. Elle est baignée à l'est par la mer du Japon et la manche de Tarakaï, et s'étend vers l'ouest, dans l'intérieur de l'Asie, jusqu'à la grande chaîne des monts *Khinggan* qui la séparent du pays habité par les Mongols. La Chine et la Corée au sud, et les confins de la Sibérie au nord, semblent être les limites approximatives de ce pays. Le principal fleuve, l'*Amoûr* ou *Sakhaliyan* est formé par la réunion de deux rivières, l'*Argun* qui descend des lacs *Boyur* et *Dalaï*, et la *Chilka* qui prend sa source à l'est du lac Baïkal. Il coule d'abord vers le sud et reçoit un de ses plus grands affluents, le *Sunggari* qui

naît dans la patrie primitive des peuples mandchoux, aux pieds de la Longue montagne Blanche,
et qui est grossie d'une autre rivière très importante, la *Nonni* ou *Non*, originaire de l'extrémité
septentrionale des monts *Khinggan*. Il remonte ensuite vers le nord, rencontre à droite l'*Usuri*, qui
est le déversoir du lac *Khingga* dans sa partie
supérieure, puis se jette dans un large golfe,
auquel on a donné le nom de *Sakhaliyan*, en face
la grande île de *Tarakaï*. Au sud, le territoire
mandchou, qui s'avance par une langue étroite
jusqu'au golfe de *Liao-toung*, est arrosé dans cette
partie par un autre fleuve très important, le *Sira-
muren* ou « Fleuve Jaune », qui naît sur les plateaux de la Mongolie, et dont le cours inférieur
traverse la province mandchoue de Ching-king.

La Mandchourie, grâce à ses nombreuses
rivières, aux hautes montagnes qui l'entourent
et qui la protègent des vents moussons du
Pacifique ou des aquilons glacials de la Sibérie, est un pays d'une grande fertilité, où l'on
rencontre une superbe végétation, des vallées
pittoresques parsemées de plaines, de prairies et
d'épaisses forêts. Il s'y serait certainement déve-
loppé une agriculture partout florissante, sans la
paresse et l'ignorance d'une partie de ses habitants qui préfèrent vivre de la chasse ou des
nombreux poissons de leurs rivières que des produits de leur sol. La Mandchourie méridionale, qui

confine à la Chine, est cependant plus cultivée que la partie située dans le bassin de l'Amoûr. Cela tient évidemment à l'influence civilisatrice des Chinois qui ne décessent pas de s'avancer de plus en plus vers le nord, et d'apporter leurs connaissances aux peuples encore barbares qui habitent ces régions. Il faut aussi remarquer que si certaines populations, surtout celles qui habitent le voisinage des cours d'eau, ne se livrent pas à l'agriculture, c'est qu'elles n'en éprouvent pas la nécessité absolue. En effet, les rivières de la Mandchourie sont très poissonneuses et les peuplades qui les environnent trouvent bien plus commode et plus agréable de se procurer une nourriture qu'ils ont sous la main, qui ne leur coûte aucun travail, que de défricher et de labourer une terre fertile qui n'a pas encore été cultivée. L'Ousouri, par exemple, contient une si grande quantité de poissons que les tribus nombreuses qui habitent ses bords se nourrissent exclusivement de la chair de ces animaux et travaillent leur peau, qui est très mince, pour s'en faire des vêtements.

Tandis que la Mandchourie du sud jouit d'un climat à peu près égal à celui de l'Italie (¹) et ressemble plus à la Chine par sa flore et par ses

---

(1) Fortia d'Urban, *Description de la Chine*, 1839, t. I, p. 390. (Voy. cependant *Eumd. libr.*, p. 393).

cultures, la Mandchourie Septentrionale a une tem-
pérature plus froide et un climat qui peut être
comparé à celui de la France ou de l'Allemagne;
mais à mesure qu'on s'avance vers le nord, la
végétation diminue. Au-dessus du fleuve Amoûr,
les plantes et les arbres des pays tempérés commencent à disparaître, et l'on arrive aux monts
Yablonoï, couverts de neige en septembre, au delà
desquels commencent les plaines glaciales de la Sibérie Orientale. Les plus hautes montagnes de la
Mandchourie ont leurs sommets couverts de neige
pendant la plus grande partie de l'année et sont
exposées à des hivers très rigoureux. On trouve même
des neiges éternelles sur les monts *Golmin chanyan
alin*; mais leur base est couverte de forêts de
pins et d'arbres verts qui sont les repaires des bêtes
sauvages de ces contrées. La grande chaîne des
monts Khinggan, qui limite à l'ouest la Mandchourie et qui a été pendant longtemps la frontière
naturelle entre les tribus mandchoues et mongoles,
est remplie d'anciens cratères et de cônes volcaniques, entre lesquels des gorges étroites et
profondes laissent couler les nombreux affluents de
la Nonni. A l'ouest des monts Golmin chanyan
alin, se détache une chaîne peu élevée qui sépare
le territoire mandchou en deux versants opposés dont l'un s'incline au nord dans la direction de
la mer d'Okhotsk, et l'autre déverse ses eaux au sud,
dans le golfe de Liao-toung.

Ces montagnes sont généralement en forme de cônes: cette particularité n'appartient pas seulement à la Mandchourie, mais on la retrouve en Chine, en Corée et surtout au Japon.

Au sud et au sud-est des pays mandchoux entre le Chanyan-alin et les monts Kouang-ning s'élevait jadis une longue suite d'arbres et de barrières de pieux; ces palissades dont il reste aujourd'hui encore quelques traces ont été construites par l'empereur Kang-hi qui voulait renfermer les tombes des ancêtres de sa dynastie et protéger les frontières de son empire. Mais il faut supposer que ces fortifications que les Mandchoux, comme les Chinois et les Coréens, ont eu jadis plaisir à élever, étaient mises sous la protection des divinités. En effet, il semble incroyable qu'un empereur comme Kang-hi ait eu l'idée de construire de telles barrières dans un but stratégique, car il est certain qu'elles ne pouvaient jamais servir à la défense du pays.

I. — MONTAGNES DE LA MANDCHOURIE.

Les montagnes les plus remarquables de la Mandchourie sont celles qu'on désigne en mandchou sous le nom de *Golmin chanyan alin* (¹), ce qui signifie dans les deux langues

---

(1) En chinois : 長 白 山 *Tchang Peh-chan.*

«Longue montagne Blanche», ainsi appelée parceque les plus hauts sommets sont couverts de neiges et de glaces perpétuelles. Cette chaîne qui s'étend du nord-est au sud-ouest, sépare au sud le territoire mandchou de la Corée, et forme une barrière contre les incursions réciproques de ces deux pays; elle se ramifie en plusieurs branches, entre lesquelles de fertiles vallées laissent couler à l'est les affluents de l'Ousouri et les petits fleuves qui se jettent dans la mer du Japon, et à l'ouest les nombreuses rivières qui se réunissent au Sounggari. Les cartes n'assignent pas à ces montagnes la même étendue; quelques-unes lui donnent naissance au confluent de l'Amoûr et de l'Ousouri et la prolongent jusqu'aux eaux de la mer Jaune, tandis que d'autres n'attribuent au Tchang Peh-chan que la partie située au nord de la Corée qui sert de limite entre ce pays et la Mandchourie. Les cimes les plus élevées de ces montagnes dépassent 3,000 mètres et arrêtent les vents moussons du Pacifique qui viennent s'y abattre en pluie fine; sur leurs pentes, des forêts impénétrables où la main des hommes ne se fraye un chemin qu'à coup de hache, sont les repaires des tigres, des ours, des loups et autres bêtes féroces de cette contrée. Il faut aussi remarquer que les monts Tchang Peh-chan qui séparent le bassin de l'Ousouri de celui du Sounggari, s'abaissent peu à peu à mesure qu'ils s'avancent vers le nord, et finissent par se perdre complètement quand ils arrivent au fleuve Amoûr. Le pic le plus élevé doit être celui qu'on désigne ordinairement sous le nom de Montagne Blanche, et c'est probablement cette montagne, célèbre chez les Mandchoux, qui a donné son nom à toute la chaîne. L'empereur Kien-loung, dans son *Éloge de la ville de Moukden* ne fait aucune distinction sur ces deux points, et parle aussi bien des monts Tchang Peh-chan que de la montagne neigeuse ou Montagne Blanche.

La Montagne Blanche est située entre les sources du Sounggari et de l'Ousouri au nord, et le Yah-loh kiang et le Toumen au sud; elle s'élève à une grande hauteur et son sommet couvert de neiges et de glaces, est enveloppé dans une atmosphère de nuages et de vapeurs. Suivant Du Halde, ce n'est pas la neige qui la rend blanche, mais les roches calcaires qui forment sa partie supérieure. Sur ses pentes, des bois parsemés de prairies sont remplis d'une espèce d'arbres appelée *sadjoulan* (¹), d'arbrisseaux odoriférants et de

---

(1) Ne possédant pas le texte original de la relation publiée par Klaproth, il ne m'a pas été possible de vérifier l'exactitude de ce mot sur lequel il me reste quelques doutes. Ne s'agirait-il pas plutôt d'un arbre appelé par les Chinois 樺 *hoa*, en mandchou *chadzilan* (Voy. *Yih-hioh-san-kouan-tsing-wen-kien*, t. IV, p. 44.), et dont l'écorce employée dans l'industrie est dési

fleurs jaunes qui couvrent le sol. Entre les rochers,
de nombreux petits ruisseaux, qu'on voit jaillir en
plusieurs endroits, se dirigent à gauche vers le
Sounggari-oula, ou à droite vers le grand et le
petit Neïen (¹).

C'est aux pieds de cette montagne, dans la
partie qui avoisine les sources du Sounggari, que
se trouvent la patrie primitive des peuples mandchoux et le berceau de la dynastie qui règne
actuellement sur la Chine. Les différentes tribus
de race toungouse qui occupaient jadis ces régions
se seraient formées en corps de nation sur les
bords du lac *Tamun*, où se trouve un ancien
cratère qui n'aurait pas moins de 80 li de tour.
D'après l'encyclopédie intitulée *Youen-kien-loui-
han* (²), il serait situé au sommet de la Montagne
Blanche. Palladius affirme au contraire qu'il n'est
qu'à une hauteur de 2,500 pieds, c'est-à-dire 760
mètres au-dessus du sol; ses dimensions, ajoute-t-il
ne sont pas très bien connues, car quelques per-
sonnes prétendent qu'il n'a que 40 li de circonférence

----

gnée sous le nom mandchou de *changg'iyan
alan*, c'est-à-dire «écorce blanche». Il existe aussi une plante sauvage
que l'on appelle *sedjulen* (Voy. *Tsing-wen-weï-chou*,
t. IV, p. 26). Mais les *hoa* des Chinois me paraissent plutôt ré-
pondre aux *sadjoulan blancs* cités par Klaproth.

(1) Voyage à la Montagne Blanche, traduit du mandchou par
Klaproth, dans les *Mémoires relatifs à l'Asie*, p. 455 et sv.

(2) T. xxvii, p. 6.

et d'autres lui en donnent seulement 25 ([1]).
«Ce lac, dit l'empereur Kien-loung occupe une
partie du sommet de la Montagne Blanche; les
fleuves Yalou, Hountoung et Aïhou sortent de son
sein pour porter la fécondité dans les campagnes
qu'ils vont parcourir, et les douces vapeurs qui
s'élèvent sans cesse de ce lieu charmant sont sans
contredit celles de la véritable gloire et du solide
bonheur» ([2]). Comme de juste, tous ces lieux qui
sont le berceau d'une nation sauvage devenue
conquérante sont environnés de légendes et de
récits mystérieux, et l'on comprend que les Mandchoux qui ont conquis la Chine au XVIIe siècle
aient voulu donner à leurs ancêtres une origine
illustre et une patrie que leurs poètes citent
comme la plus belle de la terre par sa flore,
par son climat et par la lumière qu'y verse
le ciel. On raconte même qu'à l'est de la Montagne Blanche «vers l'endroit où le soleil se
lève» il y aurait un lac appelé ᠪᡠᠯᡥᡠᡵᡳ *Bulkh'uri*([3]),
sur les bords duquel, disent les livres mandchoux

---

(1) An Expedition through Manchuria from Pekin to Blagovestchensk in 1870, dans le *Journal of the Royal Geographical Society*,
t. XLII, 1872, p. 142 et sv.

(2) *Éloge de Moukden*, poème de l'empereur Kien-long, traduit
en français par Amiot, p. 13.

(3) Ce lac serait situé sur la montagne appelée *Bukuri*, à l'est
de la Montagne Blanche. Cependant quelques auteurs mandchoux
le placent au-dessus du Tchang Peh-chan, dans le voisinage du lac
Tamoun.

d'après un récit rapporté par Amiot et dont il a négligé d'indiquer la source, la fille du Ciel, étant descendue pour se baigner, goûta d'un fruit rouge que sa brillante couleur faisait remarquer entre tous, l'avala, conçut et mit au monde un fils, auquel on donna le nom de *G'ioro*; et par distinction on lui ajouta celui du métal précieux, de sorte qu'il fut appelé *Aïsin G'ioro*, ou «Gioro d'or». Son surnom était *Bulkh'uri Yonk'chon*. Comme il était doué de tous les dons célestes, il parla dès sa naissance et ne tarda pas à se faire admirer par sa noblesse et sa majesté. Quand il fut grand, les tribus mandchoues réunies aux environs du lac pour élire un roi furent frappées à la vue de cet enfant extraordinaire. Un jour qu'on l'interrogeait sur sa provenance, il répondit qu'il était le fils de la fille du Ciel et que le Ciel lui-même l'envoyait parmi eux pour faire régner l'union et la concorde et mettre fin à leurs disputes. Alors tous furent unanimes à le choisir comme chef et ils lui donnèrent le pouvoir. Telle fut l'origine du dieu que les Mandchoux mirent à la tête de leur race comme leur premier souverain.

Mais la Montagne Blanche ne fut pas seulement célèbre chez les Mandchoux; elle était connue à une époque très reculée dans les pays de l'Extrême-Orient, et l'on en parle pour la première fois sous

le nom de *Bukhian chan*. Dans un livre fait sous
les Tang, dit le P. Amiot, elle est appelée *Taï-peh
chan* (¹), et quelquefois *Tou-taï chan*. Dans d'autres
ouvrages, on l'appelle aussi *Pou-hien chan* (²). Les
Chinois la désignent sous le nom de *Tchang Peh-
chan* (³), «grande ou longue montagne blanche» et
les peuples Tartares et Mandchoux, sous celui de
Golmin chanyan alin ⟨⟩, ou
Golmin changg'iyan alin ⟨⟩
«longue montagne blanche», ou «montagne longue et blanche»; on dit aussi *Amba chanyan alin* (⁴)
⟨⟩. «Sous la dynastie des *Kin*,
dit Palladius (⁵), il y avait un temple en Corée,
dédié à l'Esprit du Tchang Peh-chan, et les bouddhistes coréens désignèrent cette montagne comme
la demeure de leurs divinités miraculeuses». Ce
qui est certain, c'est qu'elle eut une grande célé-
brité dans tout l'Orient et que les peuples voisins
la regardèrent comme une montagne sacrée. L'empereur Kien-loung la cite souvent comme un rem-

---

(1) 太白山 *Taï-peh chan.*

(2) 不咸山 *Pou-hien chan.* (Notes sur *l'Éloge de la ville
de Moukden*, p. 220.)

(3) 長白山 *Tchang Peh-chan.*

(4) Elle est indiquée sous ce nom (amba shan yen alin) sur
la carte générale de la Tartarie chinoise par Du Halde, *Description de la Chine et de la Tartarie chinoise*, t. IV.

(5) Palladius, dans le *Journal of the R. Geographical Society*,
t. XLII, 1872, p. 164.

part inébranlable qui protège la Mandchourie au
sud et comme le lieu où ses ancêtres ont trouvé
toute leur gloire et tout leur bonheur. Les trois
fleuves qui en descendent sont également célèbres
dans l'histoire des Mandchoux; ce sont le Yalou-
giang, le Khôntong et l'Aïkhou. Le *Khôntong*
, qui coule vers le nord, est le plus important; c'est le Sounggari-oula, le principal affluent
de l'Amoûr, appelé par les Chinois *Hoen-toung kiang* [1].
L'*Aïkh'u* , appelé ordinairement Toumen-
oula, descend du côté oriental, remonte un peu vers
le nord, et se jette dans la mer du Japon.
Enfin le *Yalu-g'iyang* , appelé par les
Chinois *Yah-loh kiang* [2], prend sa source au sud, et
se dirige vers l'ouest pour se jeter dans la mer Jaune
qui limite au sud, avec le golfe de *Liao-toung*,
la province mandchoue de *Ching-king* ou de *Moukden*.
Une longue ramification, qui se détache à l'ouest
du Tchang Peh chan, divise la Mandchourie en deux
versants opposés, dont l'un déverse ses eaux au
nord dans la mer d'Okhotsk, par la Nonni, le
Sounggari et l'Amoûr, et l'autre s'incline au sud
par le Yah-loh kiang et le Sira-mouren qui se
jettent dans la mer Jaune et le golfe de Liao-toung.
Cette série de monticules peu élevés se rattachent
au plateau mongol et longent les rives du Sira-

---

(1) 混同江 *Hoen-toung kiang.*

(2) 鴨綠江 *Yah-loh kiang.*

mouren (¹) pour croiser à l'ouest la grande chaîne des monts Khinggan.

Les monts *Khinggan*, appelés aussi Sien-pi chan, (²) s'étendent au nord jusqu'au fleuve Amoûr et séparent la Mandchourie de la Mongolie, en même temps qu'ils forment une barrière solide contre les incursions des deux peuples mandchou et mongol qui sont établis de chaque côté. Entre les cônes volcaniques, des gorges profondes laissent couler à l'est les nombreux affluents de la Nonni, et à l'ouest les rivières qui se réunissent à l'Argoun ou qui tombent dans des lacs sans écoulement. Des forêts vierges où l'homme n'a pas encore pénétré, de hautes futaies plantées de grands arbres, des bois inextricables et d'épais fourrés où les bêtes sauvages font leurs repaires, couvrent les pentes de ces montagnes et les vallées des cours d'eau. «Cette végétation luxuriante, dit M. Radde (³), se compose d'arbres de différentes espèces, parmi lesquels ont peut citer des ormes, des saules, des tilleuls et des fougères.» Sur les plateaux, on voit rarement un espace libre à travers les massifs de plantes variées, et le chêne de Mongolie se dresse majestueusement pour ombra-

---

(1) En mongol   .

(2) 鮮皮山 ou 鮮畢山.

(3) Extract from Mr. Radde's Communication on the Hing-gan Range, dans le *Journal of the Royal Geographical Society*, t. XXVIII, 1858, p. 418 et sv.

ger ces profondes solitudes. Les voyageurs qui veulent s'y avancer sont obligés de se frayer un chemin à coup de hache et de suivre la trace des bêtes féroces au milieu des branches entrelacées et des buissons. En effet, les seuls sentiers qu'on rencontre sont ceux parcourus par les tigres et les ours, principaux habitants de ces contrées sauvages. On n'entend pas, à travers ces montagnes, d'autres bruits que les hurlements des bêtes fauves, et c'est à peine si quelques coups de fusil annoncent de temps à autre l'arrivée inattendue d'une bande de chasseurs. En effet, beaucoup de Tartares se nourrissent uniquement pendant l'hiver de la chair des animaux, surtout de celle des tigres, qu'ils tuent dans ces forêts.

La puissante végétation des monts Khinggan se continue au bord de l'Amoûr sur les collines qui environnent ce fleuve et qui rejoignent le Petit Khinggan, connu des Mandchoux sous le nóm de Doouse-alin.

De fréquentes secousses de tremblements de terre furent ressenties dans cette contrée. Durant plusieurs éruptions qui se produisirent, notamment en 1720, les laves coulèrent et couvrirent le sol jusqu'à plusieurs kilomètres de ces pics volcaniques. Vasilyev assure même que les eaux de la rivière Oudelin(¹) furent arrêtées par ces laves

_____

(1) La rivière Oudelin est un affluent du Nemer lequèl se jette dans la Nonni entre Mergen et Tsitsikhar.

et que leur cours fut transformé en un vaste lac.

Le *Doouse-alin* sépare l'Amoûr du bassin de la Nonni qu'il limite à l'est pour se prolonger jusqu'au Sounggari. Une route très fréquentée, qui va de Tsitsikhar à Blagovestchensk, traverse ces montagnes entre Mergen et Aïgoun. Sur ses bords, dans la partie la plus haute, s'élève un temple bouddhique où vont s'agenouiller les Mandchoux, les Chinois ou les Mongols qui traversent ces contrées. «Ce temple, dit Palladius ([1]), est situé au milieu d'un bois sombre, hanté par des tigres et des ours; ses murs rouges, ses arches triomphales, ses minarets et ses toits en tuiles le font reconnaître de loin par les voyageurs. Il a été bâti par les habitants d'Aïgoun et dédié à Hoan-ti; mais il contient un grand nombre d'autels dédiés à des divinités moins importantes, telles que les Houan-in, les Tsaï-chin (richesses), les Shan-chin (montagnes), les Ki-chin (feu), les Lun-wan (pluie), les Ma-wan (chevaux); en sorte que tout venant peut pratiquer ses croyances religieuses. Un supérieur et quelques ermites qui en ont la garde brûlent des bâtons d'encens devant leurs idoles et offrent aux voyageurs une petite collation avec de l'eau froide pour les rafraîchir. Ces anachorètes sont des Lokhas ou hommes de la classe des exilés.»

---

(1) Palladius, dans le *Journal of the R. Geographical Society*, t. XLII, 1872, p. 178.

Les monts Khinggan et le Tchang Peh-chan
sont ainsi les deux grandes chaînes presque pa-
rallèles qui dominent la Mandchourie. Ils bordent
à l'ouest et à l'est le bassin de la Nonni et du
Sounggari, tandis que les monts Yablonoï au nord
limitent les affluents de l'Amoûr. Au sud, les
monts Kouang-ning, qui longent le cours du Sira-
mouren, complètent l'orographie des pays mandchoux; ils sont peu élevés et séparent la Chine de
la Mandchourie à l'ouest de la province tatare
de Ching-king.

II. — Fleuves et Rivières de la Mandchourie.

Ainsi que nous l'avons vu, l'hydrographie de
la Mandchourie comprend un double système de
cours d'eau dont les uns se jettent dans la mer
d'Okhotsk, en face la grande île de *Karafto*,
(加良不止) dans la mer du Japon, et les autres
déversent leurs eaux au sud dans le golfe de
Liao-toung, à l'ouest de la Corée.

L'Amoûr, qui fait partie du premier système,
est un des plus grands fleuves de l'Asie Orientale; il arrose la Mandchourie depuis l'extrémité
septentrionale des monts Khinggan jusqu'à son
embouchure dans la manche de Tarakaï et reçoit,
sur son parcours, un grand nombre d'affluents,
dont quelques-uns sont très considérables.

Il est désigné sous différents noms par les

habitants des pays qu'il traverse et par les étrangers. Les Mandchoux l'appellent 〔mandchou〕 *Sakhaliyan ula*, «fleuve Noir»; les Chinois 黑龍江 *Heh-lóung kiang*, «fleuve du Dragon noir» et les Mongols 〔mongol〕 *Khara muren*, «fleuve Noir». Mais on ne connaît pas encore bien l'étymologie du mot *Amoûr* qui est pourtant le plus employé par les géographes européens; on sait seulement que les Russes, lorsqu'ils découvrirent ce fleuve au XVIIe siècle, lui donnèrent le nom de *Mamour*. Il pourrait être aussi dérivé du nom d'*Emouri* donné à l'un de ses affluents sur la rive droite [1] ou du mot *Hamour* autrement dit *Yamour* qui signifie «grande eau» ou «grande rivière» chez les Ghiliakes établis vers l'embouchure du fleuve [2]. Quelques auteurs le font même venir du mot *Amor* que les Toungouses emploient comme formule de politesse; enfin d'autres prétendent qu'il n'est qu'une corruption de *Mamou* ou *Mangou*, nom indigène du cours méridional du fleuve [3].

On considère généralement l'Amoûr comme formé par la réunion de deux puissants cours d'eau,

---

(1) Cette rivière est plus connue sous le nom d'*Albasikha*.

(2) Dans l'Explication des mots employés dans les historiens des Youen (*Youen-sse yu-kiai*, livre IV, p. 10), on trouve une rivière désignée en mandchou sous le nom de 〔mandchou〕 *Amu*; mais il ne paraît pas probable que ce soit la désignation du fleuve Sakhaliyan ou *Heh-loung kiang*.

(3) C. de Sabir, *Le fleuve Amoûr*, 1861, p. 74.

l'*Onone* et l'*Argoun*, qui prennent leur source à peu de distance l'un de l'autre, sur les flancs opposés des monts Kentaï (¹), en Mongolie. Mais les géographes se sont mis à peu près d'accord pour reconnaître l'Onone comme étant la plus importante quoique la moins étendue de ces deux rivières (²) et quelques-uns lui ont même donné le nom du cours inférieur du fleuve.

L'Onone coule d'abord vers le nord-est et rencontre l'*Ingoda* près du poste russe de Verkhné-Oulkhoune où il prend alors le nom de *Chilka*. Puis il continue sa course pendant quelque temps dans la même direction, fait un coude vers l'est et se réunit enfin à l'Argoun près du poste frontière d'Ust-Strelka à partir duquel l'Amoûr prend définitivement son nom qu'il conserve jusqu'à son embouchure.

L'Argoun (en mongol: *Ergouné*) dont le cours supérieur est désigné sous le nom de *Kerlon* (en mongol: *Kerouloun*) est par excellence la rivière sainte des Mongols; des contes, des fables, des traditions vénérées ont été répandus d'âge en

---

(1) Ces montagnes sont situées au sud-est du lac Baïkal, en pleine Mongolie, entre le 48ᵉ et le 49ᵉ degré de latitude, et sous le 107ᵉ méridien à l'est de Paris.

(2) L'Onone depuis sa source jusqu'à son confluent avec l'Argoun a une longueur d'environ 1.000 verstes (1.067 kilomètres), tandis que l'Argoun jusqu'à son confluent avec l'Onone a 1.600 kilomètres d'étendue. Le second bras de l'Amoûr a donc une longueur de 533 kilomètres de plus que le premier.

âge parmi les peuplades qui habitent ses bords. C'est en effet au milieu des bois sombres et des forêts épaisses qui l'environnent que naquit le fameux Tchinggis-khan (¹) qui reçut des dieux, dit la légende, la mission de rétablir l'empire des Mongols, et d'aider ce peuple au pillage du monde. L'Argoun traverse et fertilise de grandes prairies et de riches paturages où errent continuellement de nombreux troupeaux conduits par des pasteurs nomades. Il fait son entrée dans le grand lac *Dalaï*, déversoir par la rivière *Ursun* du lac *Boyur* qui reçoit lui-même la *Khalka*. Puis il se dirige vers le nord et coule presque parallèlement à la chaîne des monts Khinggan jusqu'à son confluent avec la Chilka.

Maintenant que nous avons fait connaître le système si confus des grands cours d'eau qui forment l'Amoûr, nous allons nous occuper tout particulièrement de ce grand fleuve et de ses affluents jusqu'à son embouchure.

Au-delà d'Ust-Strelka, il coule entre deux rives bordées d'une superbe végétation, et bientôt il ne tarde pas à franchir les derniers contreforts des monts Khinggan pour pénétrer sur le territoire mandchou. Il reçoit alors sur sa gauche

---

(1) On fait remonter sa naissance à 1155 apr. J.-C. suivant les uns, à 1162 suivant les autres, et sa mort à l'année 1227. Les Chinois l'appellent 成吉思 *Tching-ki-sse.*

plusieurs petites rivières: l'Amazar, l'Urkan, l'Omutnaya, l'Urichi, l'Oldoï et à droite l'Albasikha appelée aussi *Emyr* ou *Emouri*. Celle-ci se réunit au fleuve près de l'emplacement où se trouvait autrefois Albasin, ancienne capitale des établissements que les Cosaques fondèrent sur l'Amoûr, quand ils l'explorèrent pour la première fois au XVIIe siècle: Tout le pays arrosé par ces cours d'eau est habité par les *Orotchones* qui appartiennent à la grande famille Toungouse. Ils se retirent pendant l'hiver au milieu des bois pour se livrer à la chasse des quadrupèdes dont les peaux et les fourrures leur procurent de grands bénéfices; ils en font en effet un commerce assez important avec les Russes, et une foire se tient même à certaines époques sur les bords de l'Oldoï. Dans la vallée de l'Albasikha on rencontre surtout beaucoup d'écureuils, et chaque chasseur en détruit tous les ans un très grand nombre. Les Orotchones tuent aussi les loups, les tigres, mais ils recherchent encore davantage les zibelines dont la peau se vend à un prix plus élevé. Ils respectent le renne qui est pour eux l'animal domestique le plus indispensable. A l'approche du printemps ils reviennent près des rivières pour s'occuper de la pêche jusqu'à la fin de l'été, et le poisson y est si abondant qu'ils trouvent moyen, tout en mettant de côté la part nécessaire pour leur consommation, d'en échanger avec les étrangers contre de la farine ou d'autres marchandises.

Au delà du confluent de l'Albasikha, on commence à rencontrer dans l'Amoûr beaucoup d'îles couvertes de chênes, de peupliers ou de saules. Sur les rives, on aperçoit des collines qui tantôt s'éloignent, tantôt se rapprochent comme de grands amphithéâtres et quelquefois se terminent comme des falaises à pic dans le fleuve. En même temps, quelques affluents peu considérables viennent encore déverser leurs eaux. Ce sont, à droite, le Tango, le Kukukan, le Burgali; à gauche, la Burinda, l'Olgo, l'Angan et enfin le petit Onone.

A quelques verstes plus loin, une rivière très importante, la *Kamara*, qui descend des monts Khinggan, se jette encore dans l'Amoûr sur la rive droite. Sa vallée est très fréquentée pendant l'hiver par des Mandchoux, des Daouriens, des Manègres et des Cosaques: une foire s'y tient régulièrement chaque année, et ces peuplades font un échange de marchandises qui consistent principalement en pelleteries, en fusils, en poudre, en thé, en tabac et en farines. Son cours a une grande étendue et, dans les bois qui l'environnent, on trouve beaucoup d'écureuils, de martres zibelines, de daims et de chèvres sauvages.

Après avoir reçu la Kamara, le fleuve décrit un curieux méandre et abandonne sa direction méridionale pour se tourner successivement vers l'est, le sud-ouest, le sud et le nord-est. Il se heurte ensuite contre une montagne sur la rive gauche et se dirige de nouveau vers le sud, après avoir dépassé le poste russe d'Ouloussou-modon.

Puis la vallée de l'Amoûr change encore d'aspect à mesure qu'on approche du confluent de la Zéya, qui se jette dans le fleuve sur la rive gauche; les montagnes sont remplacées par de vastes prairies où pourraient paître des quantités de troupeaux. C'est une contrée très favorable à l'agriculture et aussi à la colonisation; mais elle est malheureusement peu peuplée, et c'est à peine si l'on rencontre par hasard, à de grands intervalles, sur les bords du fleuve, un ou deux villages composés chacun d'une dizaine de huttes; encore celles-ci sont-elles le plus souvent abandonnées, car à moins qu'on ne se trouve à l'époque de la pêche, leurs habitants sont presque tous partis à la chasse dans les forêts. Il arrive même assez fréquemment de parcourir vingt ou trente verstes et davantage sans rencontrer aucun homme, ni aucune habitation sur les bords du fleuve. D'ailleurs les quelques peuplades qui habitent ces régions ne paraissent pas s'intéresser beaucoup à l'agriculture: elles sont comme la plupart des Mandchoux qui, ainsi que nous l'avons vu, trouvent le produit de leur pêche et de leur chasse suffisant pour n'avoir pas besoin d'emprunter à leur sol toutes les récoltes qu'il pourrait leur donner, si toutefois ils prenaient la peine de le défricher et de le cultiver. Aussi les vastes plaines qui s'étendent dans la vallée de l'Amoûr, depuis le méandre d'Ouloussou-modon jusqu'aux dernières ramifications du Doouse-alin, au lieu d'être ensemencées de céréales, sont recouvertes par des plantes herbacées et de nombreux fourrés où croissent des quantités de chênes, de bouleaux ou de tilleuls généralement à l'état d'arbrisseaux. Des bandes de sangliers, de cerfs, de chevreuils se cachent dans ces taillis, peu élevés mais très touffus, et y trouvent un abri plus sûr qu'au milieu des forêts.

Les îles de l'Amoûr, qui se rencontrent dès lors en très grand nombre, ont une végétation presque semblable à celle que l'on remarque dans les plaines fertiles de la vallée du fleuve : elle est principalement composée de roseaux et de plantes herbacées. L'Amoûr coule avec rapidité et devient beaucoup plus large ; ses détours sont aussi fréquents, mais il ne change pas pour cela sa direction principale qui est, depuis l'Angan, celle du sud-est. Il passe devant le village d'Amba Sakhaliyan situé sur la rive droite et composé de vingt-trois maisons, nombre considérable pour la contrée. Enfin le volume de ses eaux augmente dans une belle proportion, lorsqu'il reçoit la *Zéya* près de la ville de *Blagovestchensk*.

Avec la Zéya, nous arrivons maintenant aux grands affluents du fleuve : celle-ci est en effet

un des plus importants et même le plus étendu
sur la rive gauche. Elle est surtout remarquable
au point de vue historique, parce qu'elle a con-
duit les Russes du bassin de la Léna dans celui
de l'Amoûr. Ceux-ci, sous la conduite de Wassili
Poyarkov, après avoir remonté l'Aldan et ses
affluents le Gonam et l'Outchour, franchirent les
monts Yablonoï qui séparent les deux bassins,
atteignirent la Brianda, tributaire de la Zéya et
par cette dernière rivière descendirent jusqu'au
fleuve Amoûr. Ils fondèrent sur leur route flu-
viale des postes fortifiés qui eurent à soutenir
souvent des attaques contre les étrangers; c'est
ainsi que les Chinois-Mandchoux s'en emparèrent
en 1683, les détruisirent complètement et em-
menèrent les habitants en captivité [1].

La Zéya, dont la vallée s'étend à perte de
vue vers le nord, se jette dans l'Amoûr par une
vaste embouchure et forme dans cet endroit un
site d'une beauté incomparable; on ne trouve
pas d'îles à son confluent, et c'est là une particularité assez remarquable, car on sait que la
masse des eaux de cette rivière contient une
grande quantité de sable qu'elle tire des monts
Yablonoï et qu'elle transporte dans son cours
rapide; en effet, les îles disparaissent même dans
le fleuve après son confluent avec la Zéya et ne

____

(1) C. de Sabir, *Le fleuve Amoûr*, p. 122.

reparaissent qu'à une assez grande distance, au delà de la ville d'Aïgoun.

Blagovestchensk est située sur une plaine entre l'Amoûr et la Zéya, presqu'au même endroit où ces deux cours d'eau se réunissent. Cette ville a pris une grande importance par sa situation favorable; des foires s'y tiennent à époque fixe, et des marchands chinois désignés dans le pays sous le nom de *nikans* (1) y font le commerce avec les Russes. C'est d'ailleurs la dernière ville de la Russie d'Asie qui confine à la Mandchourie chinoise, puisque l'Amoûr sert de limite entre ces deux régions depuis le poste d'Ust-Strelka jusqu'à son confluent avec l'Ousouri.

L'Amoûr, après avoir dépassé Blagovestchensk sur la gauche, ne tarde pas à rencontrer, à quelques verstes plus loin sur sa rive droite, *Aïgoun*, non moins curieuse et non moins importante. Mais c'est alors une véritable ville mandchoue avec ses temples, ses forteresses et ses murailles crénelées qui la font reconnaître de loin par les voyageurs. Elle s'étend sur une assez longue distance le long du fleuve avec ses faubourgs *Eldygo* et *Todéga*, et possède un port où sont amarrées quelques barques. Dans les environs, on voit les restes de monticules et de retranchements que les Chinois-Mandchoux élevèrent

---

(1) 〔manchu〕 *Nikan* est le nom mandchou des Chinois.

jadis pour se protéger de l'invasion des Cosaques.
Elle fait partie de la province de Tsitsikhar et
se trouve administrée par un lieutenant qui a les
attributions de préfet. Les Mandchoux l'appellent
Sakhaliyan ula khoton,
«la ville du fleuve noir» et les Chinois 黑龍
江城 *Heh loung kiang tching* «la ville du fleuve
du dragon noir».

L'Amoûr est ensuite bordé sur ses deux rives
par une multitude de villages et le pays paraît
très peuplé; ces villages sont composés de huttes entourées quelquefois de jardins assez bien
cultivés par des Mandchoux et surtout par des
Daouriens; mais les vastes plaines qui, dans cette
région, sont plus favorables à l'agriculture que
partout ailleurs dans la vallée du fleuve, semblent toujours abandonnées des hommes et sont
couvertes d'arbres généralement peu élevés et très
espacés. Les forêts épaisses et la végétation
luxuriante qu'on rencontrait dans le cours supérieur, ont en effet complètement disparu, de même
que les hautes montagnes qui ne s'aperçoivent
plus à l'horizon. Les îles sont de nouveau très
nombreuses au milieu de l'Amoûr, qui atteint
bientôt une verste et demie de largeur (¹). Il reçoit
sur sa rive droite le *Song bira* et le *Corfin bira*

---

(1) La verste, mesure itinéraire de Russie, vaut 1.067 mètres.

qui sont peu étendus et ne lui apportent qu'un petit volume d'eau. Mais ces deux rivières sont très célèbres chez les Tatares parce qu'elles contiennent beaucoup de perles que des pêcheurs mandchoux, autorisés par l'empereur, vont ramasser chaque année sous la surveillance de quelques mandarins. Les perles les plus belles et les plus grosses, celles qui n'ont aucun défaut sont destinées à l'empereur qui s'en fait des colliers. Les autres sont pour la plupart vendues aux Chinois qui les estiment beaucoup et les achètent souvent à de très hauts prix. Les pêcheurs prétendent qu'il n'y en a pas dans le fleuve; mais c'est sans doute parce qu'ils n'osent pas plonger dans une eau si profonde et si rapide, comme le disent leurs mandarins [1]. L'Amoûr forme encore plusieurs méandres et se rétrécit à mesure qu'il s'approche de la rivière Bouréya. Enfin, il reçoit ce dernier cours d'eau par une large embouchure où l'on rencontre une grande île sablonneuse.

La *Bouréya*, ainsi appelée par les Russes, mais plus connue des Mandchoux sous le nom de *Niumane bira* ou simplement *Niumane*, sort des monts Yablonoï comme la Zéya. Le volume de ses eaux est considérable et son cours est si rapide qu'elle

---

[1] Du Halde, *Description de l'empire de la Chine et de la Tartarie chinoise*, t. IV, p. 16.

force l'Amoûr à couler pendant quelque temps vers le sud après son confluent. Mais le grand fleuve reprend bientôt sa direction primitive qui est celle du sud-est et la conserve à peu près jusqu'au Sounggari.

La région du bassin de l'Amoûr, depuis l'Oldoï et la Kamara jusqu'à l'embouchure de la rivière Niumane, est habitée par une peuplade qui appartient à la grande famille Toungouse et qu'on désigne sous le nom de *Manègres*. Comme les Orotchones leurs voisins, la chasse et la pêche font leur principale occupation. Pendant l'hiver, ils pénètrent dans les forêts les plus inextricables et parcourent souvent de très longues distances à la poursuite des animaux sauvages. Ils attaquent surtout les cerfs et leur tendent des pièges assez adroitement au milieu des broussailles. Ils tuent aussi un grand nombre de daims, d'écureuils et de zibelines. Puis, en descendant la vallée de l'Amoûr, ils ne manquent pas de s'arrêter à Aïgoun, où ils échangent leurs peaux et leurs fourrures contre des farines, du thé, du tabac, des fusils et de la poudre qui proviennent de la Chine. Les chevaux et les chiens constituent leurs animaux domestiques; les premiers paraissent avoir été introduits dans le pays par les Mongols et remplacent avantageusement les rennes employés par les Orotchones. Au printemps, après la débâcle de l'Amoûr qui a lieu ordinairement

vers le mois de mai, les Manègres reviennent
s'établir sur les bords du fleuve et se livrent à
la pêche pendant tout l'été comme la plupart
des peuplades de la Mandchourie. Chaque année,
ils doivent payer aux Chinois un impôt qui est
représenté par des pelleteries. Ils envoient leur
tribut aux rives de la Kamara, où des fonction-
naires du gouvernement impérial viennent le
chercher. Mais ceux qui habitent sur la rive gauche
de l'Amoûr paient leur impôt aux Russes. Cependant ils paraissent avoir subi bien moins l'influence
des Russes que celle des Chinois, dont ils se rapprochent beaucoup plus par certains traits carac-
téristiques de leurs mœurs et coutumes.

Une autre peuplade, qui diffère complètement
des Manègres et des Orotchones, occupe encore
la rive droite de l'Amoûr, depuis les bords de
la Kamara jusqu'à l'embouchure de la Niumane:
ce sont les *Daouriens.* Ils ont en effet un degré
de civilisation assez avancé qui résulte sans aucun
doute de la fréquentation des Mandchoux et des
Chinois. Ils étaient autrefois domiciliés sur la rive
gauche du fleuve et occupaient même la vallée du
cours inférieur de la Zéya; mais, à la suite de
la conquête de cette partie du bassin de l'Amoûr
par les Russes, ils préférèrent passer sur le territoire chinois que de se livrer aux nouveaux
envahisseurs. Ils peuplèrent alors presqu'entière-
ment Aïgoun et y construisirent des temples

dédiés à leurs divinités. Tous les villages que nous avons cités sur la rive droite du fleuve, après la grande ville mandchoue, leur appartiennent; dans les jardins qui entourent leurs habitations, ils cultivent surtout du tabac, des légumes et des arbres fruitiers. Les Daouriens sont donc une peuplade sédentaire; aussi ils se livrent très peu à la chasse et ne font pas comme leurs voisins les Manègres des excursions lointaines à travers les forêts. Mais la pêche est une de leurs principales occupations. Ils ont aussi du bétail et quelques chevaux; cependant les vastes plaines de leur pays pourraient en nourrir une quantité bien plus considérable. En général, les mœurs et coutumes des Daouriens sont à peu près les mêmes que celles des Mandchoux, et c'est certainement à leurs rapports incessants avec les populations du sud de la Mandchourie qu'ils doivent leur supériorité sur toutes les autres peuplades du bassin de l'Amoûr.

Enfin, une petite tribu beaucoup moins importante, les *Birars*, occupe la vallée du fleuve au delà de la Niumane, mais elle ne s'étend pas même jusqu'au Sounggari. Les Birars se livrent à la chasse et à la pêche un peu comme les Manègres; cependant ils paraissent subir l'influence civilisatrice des Chinois et quelques-uns d'entre eux ont déjà fixé leur habitation et commencé à former des villages comme les Daouriens.

Après son confluent avec la Niumane, l'Amoûr fait encore de nombreux méandres et devient très étroit lorsqu'il franchit la dernière ramification orientale des monts Khinggan, généralement connue sous le nom de *Doouse-alin*. Cette ramification se continue de l'autre côté du fleuve, dans la direction du nord, pour rejoindre par une série de monticules peu élevés la grande chaîne des monts Yablonoï. Il reçoit en même temps, sur sa rive droite, un autre affluent assez important l'*Ulu bira*. Puis les plaines se montrent encore dans sa vallée fertile, où l'on trouve beaucoup de petits lacs sans écoulement et des bois couverts d'une riche végétation; on y rencontre surtout le chêne, le bouleau, le tilleul et la vigne sauvage qui tantôt rampe pour former de beaux tapis de verdure, tantôt grimpe aux arbres et s'entortille dans un réseau inextricable où le voyageur a parfois de la peine à se frayer un chemin. On trouve un curieux tableau de l'exubérance de la végétation qui couvre le sol de la Mandchourie dans les lettres du P. Furet sur la Tartarie Orientale. (¹) Mais avant d'atteindre le Sounggari, l'Amoûr, qui jusqu'ici coulait vers le sud-est, fait brusquement un coude dans la direction de l'est. Nous sommes alors dans sa partie

____

(1) *Lettres sur l'Archipel Japonais et la Tartarie Orientale*, par le P. Furet, missionnaire apostolique au Japon. Paris, 1860, p. 78 et suiv.

la plus méridionale. Il s'élargit ensuite, en même temps que les îles paraissent encore en très grand nombre, et à quelques verstes plus loin, il reçoit enfin son affluent le plus considérable.

Le Sounggari est le seul grand cours d'eau de la Mandchourie qui ait joué un rôle important dans l'histoire de la civilisation des Mandchoux; il a été vénéré par ce peuple, comme l'a été l'Argoun, la rivière sainte des Mongols. C'est en effet non loin de ses sources, aux pieds de la Longue montagne Blanche que naquirent les ancêtres de la dynastie qui règne actuellement sur la Chine. C'est aussi sur les bords de son cours supérieur que le fameux Aïsin Gioro commanda pour la première fois aux tribus assemblées et reçut des dieux, disent les Mandchoux, la mission de rétablir la paix parmi les hommes. D'ailleurs, la différence est grande, au point de vue historique comme au point de vue social, entre l'Amoûr et le Sounggari. Les rives du premier ont été parcourues par des peuplades nomades, très peu civilisées, qui traversaient les forêts et, quand elles en avaient l'occasion, se livraient au pillage comme les véritables Tatares. Les rives du Sounggari, au contraire, semblaient éclairées par la civilisation chinoise et les peuplades environnantes ont construit des villes, des routes et cultivé la littérature et la langue mandchoues. Les Chinois ont reconnu l'importance de cette rivière, car c'est en descendant son cours qu'ils arrivèrent sur l'Amoûr et repoussèrent souvent les Russes qui avaient envahi le territoire. Plusieurs fois ils concentrèrent leurs forces près de son embouchure et de tout temps ils y laissèrent des troupes suffisantes pour parer aux premières attaques de leurs voisins. C'est par ce même chemin qu'ils écoulent encore leurs produits et les échangent ensuite contre des pelleteries aux riverains du grand fleuve. Quelques marchands remontent aussi la vallée de la Nonni, et, par la route de Tsitsikhar à Blagovestchensk, vont apporter leurs marchandises à Aïgoun.

Le *Sounggari* ou *Sunk'gari bira* (¹) c'est-à-dire « Rivière de Lait » est généralement désignée de la sorte par la plupart des peuples de la Tartarie Orientale. Cependant les Mandchoux l'appellent aussi *Khóntong*, et l'on trouve ce mot employé par Kien-loung dans son *Éloge de Moukden*. Mais il est probable que c'est simplement une corruption de *Hoen-toung*

---

(1) On emploie indifféremment l'un des mots mandchoux *ula* ou *bira* pour désigner une rivière ou un fleuve; ils répondent aux caractères chinois 河 *ho* et 江 *kiang*. Le mot *giyang* qui n'est que la transcription mandchoue du chinois *kiang* est encore synonyme de *ula* ou *bira*, mais se trouve usité plus rarement.

ou 混同江 *Hoen-toung kiang* par lequel les Chinois désignent cette rivière. On trouve aussi dans des ouvrages chinois (¹) les caractères 松花江 *Soung-hoa kiang* qui signifient «le Fleuve des Fleurs de sapin». Le cours supérieur du Sounggari est quelquefois désigné sous le nom de *Girin ula* «rivière de Girin», tandis que le cours inférieur est presque toujours appelé *Khóntong* par les Mandchoux, et *Hoen-toung kiang* par les Chinois.

Originairement le Hoen-toung kiang portait le nom de 粟末河 *Souh-mo ho* qu'il conserva jusqu'à l'époque ou Taï-tsoung battit les Tsin (²). Enfin les Russes, qui font tous leurs efforts pour s'avancer de plus en plus vers le sud et se rapprocher de Péking et du Liao-toung, ont voulu désigner encore autrement le grand affluent de l'Amoûr. Ils l'appellent *Chingal* ou *Shoungal*; mais ces deux derniers noms sont certainement dérivés du mot tatare-mandchou. Quoiqu'il en soit nous donnerons au grand affluent de l'Amoûr le nom de *Sounggari*, depuis sa source au pied de la Montagne Blanche jusqu'à sa réunion avec le grand fleuve asiatique.

Le Sounggari, après être sorti de la Montagne Blanche, coule d'abord dans la direction du nord qu'il garde pendant quelque temps et se tourne

---

(1) Notamment dans le *Peï-wen-yun-fou*, t. III, p. 7, et dans la Géographie chinoise intitulée *Ti-tou-tsoung-yao*, p. 201.
(2) *Peï-wen-yun-fou*, t. III, p. 7.

ensuite vers le nord-ouest jusqu'à son confluent avec la Nonni. Il traverse généralement un terrain sablonneux, mais dépourvu de rochers et de bas-fonds, de sorte que la navigation est beaucoup plus facile et moins dangereuse. La première ville qu'il rencontre est *Girin* située sur sa rive gauche; elle est la capitale de la province mandchoue de Girin et se trouve administrée par un général tatare assisté de six mandarins qui portent le titre de ministres. Puis il franchit les dernières barrières de pieux ou palissades de saules construites autrefois par l'empereur Kang-hi. Il arrose encore *Bédouné*, habitée par une garnison de soldats tatares et par des Chinois condamnés à l'exil. C'est à peu de distance de cette dernière ville, et après un cours de 65 milles géographiques, qu'il reçoit son plus grand affluent, la *Nonni*, originaire des monts Khinggan.

La Nonni ou *Non*, que les Chinois appellent le *Si-kiang*, coule généralement du nord au sud, c'est-à-dire dans un sens inverse au Sounggari. Un grand nombre de tributaires, descendus des monts Khinggan, se déversent sur sa rive droite et lui apportent un volume d'eau si considérable qu'elle est déjà navigable pour des grandes barques en amont de Tsitsikhar. Le *Nemer*, qui prend sa source dans le Doouse-alin, est le seul important et presque l'unique affluent sur sa rive gauche. Celle-ci est d'ailleurs très basse, et

comme aucune chaîne de montagnes ne s'élève
dans le vaste triangle formé par l'Amoûr, la
Nonni et le Sounggari, il en résulte naturellement qu'on n'y rencontre pas de bien grands
cours d'eau. Mais les débordements de la Nonni,
qui surviennent à la suite de la fonte des neiges
des monts Khinggan, y causent de fréquentes
inondations. Aussi, depuis Tsitsikhar jusqu'au
confluent du Sounggari, une multitude de lacs
et de marais, parfois très étendus, couvrent cette
plaine peu élevée. La grande route de Girin à
Blagovestchensk traverse cette région et suit continuellement la vallée de la Nonni jusqu'à Mergen,
où elle franchit alors le Doouse-alin, pour atteindre Aïgoun, sur l'Amoûr. Un grand nombre
de postes et de petits villages, espacés les uns
des autres par trente ou quarante kilomètres
seulement, se rencontrent sur son passage; ils
sont habités par des marchands chinois ou mandchoux, et les voyageurs s'y arrêtent pour passer
la nuit. Mais les deux principales villes du bassin
de la Nonni sont Tsitsikhar et Mergen. La première est la capitale de la province mandchoue
de Tsitsikhar, qui est gouvernée comme celle de
Girin par un général tatare placé sous l'autorité
de l'empereur de Chine. On y trouve des temples
bouddhistes et des mosquées, car la population
se compose de Mandchoux, de Chinois et de Mu-
sulmans. Ces derniers surtout sont très nombreux

et divisés en deux classes qui habitent deux quartiers distincts situés à l'est et à l'ouest; Tsitsikhar est aussi le lieu d'exil d'un grand nombre de personnages politiques de la Chine. On y envoie aussi des condamnés et des criminels qui doivent défricher et cultiver les terres.

La seconde ville importante, *Mergen*, est comprise, comme Aïgoun, dans la province mandchoue dont Tsitsikhar est la capitale ou le chef-lieu; elle est administrée par un lieutenant qui a les attributions de préfet. La contrée qui l'environne est très fertile; mais elle est presque partout déboisée, ce qui lui donne un aspect triste et monotone et la fait ressembler à une sorte de steppe complètement déserte.

Le vaste pays situé au nord et au nord-est du bassin de la Nonni, entre cette dernière rivière et le fleuve Amoûr, est habité par une autre peuplade appartenant aussi à la famille Toungouse et qu'on désigne ordinairement sous le nom de *Solons* ou Tatares-Solons. Par leurs mœurs et par leurs coutumes, ils se rapprochent beaucoup des Manègres, leurs voisins. Ils sont en effet presque tous chasseurs. Dès le commencement de l'hiver, ils pénètrent par bandes au milieu des forêts emmenant avec eux leur famille et tout ce qu'ils possèdent. Leurs femmes montent à cheval, manient l'arc et le javelot, et poursuivent les cerfs et autres bêtes fauves. Ils conduisent avec eux quelques chevaux qui portent leurs vêtements et des chiens dressés exprès pour la chasse des martres zibelines (¹).

Le Sounggari, après avoir reçu son plus puissant affluent, coule vers le nord-est et conserve cette même direction jusqu'à sa réunion avec l'Amoûr. Il traverse alors les plaines les plus fertiles et les plus peuplées de la Mandchourie. Il est très profond de sorte que des navires de fort tonnage peuvent le parcourir, et le volume de ses eaux devient encore plus considérable lorsqu'il est grossi de l'*Hurkha* ou *Moutan*, qui prend sa source dans le Tchang Peh-chan. Cette rivière est aussi célèbre dans l'histoire des Mandchoux, car elle passe à Ningouta, considérée comme le berceau de la famille impériale des Taï-tsing, et à San-sing, ville très commerçante, mais malheureusement exposée aux vents du nord et aux moussons qui, à certaines époques, déversent des pluies torrentielles et changent le pays en un vaste champ marécageux. Toute cette région est habitée par des Chinois-Mandchoux qui enseignent l'agriculture et commencent à cultiver les terres.

En descendant le Sounggari, on rencontre ensuite une autre peuplade, les *Goldes* qui occupent également les rives de l'Ousouri inférieur et les

---

(1) L'abbé Grosier, *Description générale de la Chine*, p. 101.

bords de l'Amoûr depuis les Birars jusqu'à la rivière Gorine. Les Goldes sont aussi de race Toungouse; mais on pourrait les diviser en plusieurs tribus distinctes, car ils n'ont pas tous les mêmes mœurs. Les uns, en effet, ressemblent aux Chinois dont ils portent le costume; les autres ont un degré de civilisation moins avancé et se livrent à la chasse et à la pêche, comme d'ailleurs la plupart des populations de la Mandchourie.

Enfin le Sounggari franchit les dernières ramifications de la grande chaîne des Montagnes Blanches ou Tchang Peh-chan et après un cours de 165 milles géographiques, se jette dans l'Amoûr par une vaste embouchure couverte d'îles sablonneuses.

Si les géographes européens considèrent le Sounggari comme un affluent de l'Amoûr, il n'en est pas de même des Chinois qui veulent au contraire que le grand fleuve asiatique soit regardé comme un simple tributaire de la rivière mandchoue. On trouve en effet dans la plupart de leurs livres et dans leurs géographies que « le *Hoentoung kiang* (autrement dit Sounggari) prend aussi le nom de Soung-hoa kiang, et *reçoit le Heh-loung kiang* » (c'est-à-dire l'Amoûr). Assurément, si l'on ne songe qu'à la longueur des deux cours d'eau, l'Amoûr doit être considéré comme la rivière mère ou comme le bras principal, puisqu'à sa réunion avec le Sounggari il a environ 80 milles géogr...

de plus que son puissant rival. Mais on peut citer quelques intéressantes observations faites à ce sujet, qui tendent certainement à donner raison aux Chinois, lorsqu'ils disent que le Sounggari est le véritable fleuve qui se jette dans la mer d'Okhotsk. Ainsi l'Amoûr ne coule plus vers le sud-est après sa jonction avec le Sounggari, mais prend la direction de ce dernier qui est, depuis le confluent de la Nonni, celle du nord-est. Sa vallée semble se heurter à l'extrémité septentrionale du Tchang Peh-chan, tandis que celle du Sounggari se continue presqu'en ligne droite jusqu'au golfe de Sakhaliyan, parallèlement aux monts Khinggan et à la côte orientale de la Mandchourie. Son cours est, il est vrai, bien plus rapide; mais le Sounggari, alimenté dans sa partie supérieure par la fonte des neiges persistantes qui couvrent les Montagnes Blanches, traîne une masse liquide bien plus considérable et toujours constante. Il est, du reste, facile de se convaincre que le Sounggari l'emporte de beaucoup sur l'Amoûr à son confluent. On sait que ses eaux sont verdâtres, troubles et laiteuses — d'où son nom mandchou de « rivière de Lait » —, tandis que celles de l'Amoûr sont plus foncées et transparentes, — d'où le nom de « rivière Noire » ou « rivière du Dragon noir ». « Si l'on traverse l'Amoûr au delà du confluent de ces deux cours d'eau, on peut voir facilement la ligne de partage de leurs eaux.

Or, la bande claire de l'Amoûr n'occupe pourtant que la quatrième partie de la surface, et va toujours en se rétrécissant jusqu'au point où les eaux bourbeuses de son affluent-rival l'absorbent complètement. Comme on le voit, l'erreur n'est pas tout-à-fait du côté des fils du Céleste-Empire. » (¹).

Après avoir reçu un affluent aussi considérable que le Sounggari, l'Amoûr doit naturellement s'agrandir énormément, à tel point qu'il atteint bientôt trois verstes et même cinq verstes de largeur. Les îles, dont la végétation est toujours herbacée, apparaissent en très grand nombre et sont plus étendues que dans le cours supérieur; cela tient évidemment à la quantité énorme de sables apportés par le Sounggari. La rive droite est bordée par des bois où l'on rencontre surtout le chêne, l'orme et le peuplier; plus loin par des montagnes rocheuses qui présentent des pentes abruptes. La rive gauche généralement basse est souvent envahie par les eaux de l'Amoûr qui forment sur une vaste plaine inculte, un grand nombre de ruisseaux, de lacs, de criques et de marais (²). Enfin, à 265 kilomètres du Sounggari, on arrive à l'embouchure de l'*Usuri*, la dernière rivière impor-

---

(1) C. de Sabir, *Le fleuve Amoûr*, p. 75.

(2) A Winter's Journey up the Amur, from Nikolaevsk to Ust-Strelka, in the year 1856-7. By M. Pargachefski, dans le *Journal of the Royal Geographical Society*, t. XXVIII, 1858, p. 441.

tante qui déverse ses eaux sur la rive gauche de l'Amoûr.

L'Ousouri prend sa source dans les monts Sikhota-alin, chaîne peu élevée qui borde la côte orientale de la Mandchourie. C'est dans une vallée encaissée entre ces montagnes et le Tchang Peh-chan qu'il coule sur une longueur de 800 kilomètres jusqu'à son confluent avec l'Amoûr. Dans la partie supérieure de son cours, il reçoit le *Soungatchi* qui lui apporte les eaux du grand lac *Khingga*. Ce lac est très étendu, mais peu profond. Il est bordé à l'ouest par des montagnes qui lui envoient quelques petites rivières; mais au nord, à l'est et au sud, on ne rencontre que des plaines basses et des marécages formés par les moussons du Pacifique qui, à certaines époques, amènent des pluies torrentielles sur cette contrée. Les cimes élevées des Montagnes Blanches protègent la plus grande partie de la Mandchourie de l'impétuosité de ces vents périodiques; mais la chaîne du Sikhota-alin, étant bien moins haute, ne garantit pas la vallée de l'Ousouri qui est quelquefois complètement submergée par les pluies abondantes et les inondations des cours d'eau.

L'Ousouri sert de limite, depuis 1860, entre l'Empire russe et les possessions chinoises. Ses rives, entourées de forêts épaisses et parfois même impénétrables, sont habitées par une pleuplade toungouse de même famille que les Goldes et qu'on désigne généralement sous le nom de 魚皮韃子 *Yu-pi-ta-tse*, c'est-à-dire «Tatares en peaux de poissons». Ces Tatares emploient tout l'été à la pêche, car l'Ousouri est une des rivières les plus poissonneuses de la Mandchourie. Comme leur nom l'indique, ils sont vêtus de peaux de poissons qu'ils savent d'ailleurs très bien préparer; ils parviennent en effet à les teindre de plusieurs couleurs, puis à les découper proprement et à les unir si adroitement qu'elles semblent cousues avec du fil de soie [1]. Mais quelques-uns portent aussi des peaux de bêtes et des étoffes grossières qu'ils achètent aux marchands russes. Ils font aussi, avec des écorces d'arbres, des barques ordinairement petites et d'un faible tirant d'eau, de sorte qu'ils peuvent sans inconvénient traverser les bancs de sable et les bas-fonds qu'on rencontre assez souvent au milieu des rivières. Avec les poissons qu'ils n'utilisent pas pour leur nourriture journalière, ils fabriquent de l'huile à brûler pour leurs lampes, ou bien ils les laissent sécher au soleil et les conservent jusqu'à l'époque où les glaces ne leur permettent pas de continuer la pêche. Les chiens sont leurs principaux animaux domestiques; ils les estiment beaucoup et les attellent pour tirer leurs traineaux [2].

---

(1) Grosier, *Description générale de la Chine*, p. 96.
(2) Grosier, *ouvrage cité*, p. 97.

L'Amoûr, après avoir reçu l'Ousouri, coule toujours dans la même direction, c'est-à-dire vers le nord-est. Les îles sablonneuses se rencontrent encore en très grand nombre; elles sont ici très étendues et partagent le fleuve en plusieurs bras. L'une de ces îles est même si vaste qu'on y peut remarquer sur le sable des traces de rennes (¹). Quelques petites rivières, dont la plus importante est connue des Mandchoux sous le nom de *Don-don-bira*, se déversent encore des deux côtés du fleuve qui s'agrandit considérablement et atteint bientôt jusqu'à dix verstes de largeur. Il faut dire que cette largeur, qui est énorme pour un fleuve, ne se rencontre qu'assez rarement à la surface du globe; et cela tend certainement à faire accepter l'Amoûr comme un des plus grands fleuves du monde. D'ailleurs par la superficie de son bassin qui est évaluée à 38,000 milles carrées, il ne le céde qu'aux grands systèmes des Amazones (88,300 m. c.), de la Plata (71,000 m. c.), de l'Obi (63,000 m. c.), du Saint-Laurent (62,000 m. c.), du Mississipi (53,600 m. c.) et du Yénisséï (47,000 m. c.), et surpasse ceux de la Léna (36,600 m. c.), du Goango (33,600 m. c.), du Nil (32,600 m. c.), du Volga 30,100 m. c.), etc. (²).

Jusqu'au cap Saint-Kyrile, il traverse de vastes

---

(1) C. de Sabir, *Le Fleuve Amoûr*, p. 139.

(2) Teichmann, *Physik der Erde*, 1854, cité par C. de Sabir *Ouvrage cité*, p. 75.

plaines fertiles mais non cultivées où l'on trouve des lacs et des marais formés par les inondations, et, de distance en distance sur les bords du fleuve, quelques villages goldes consistant en quelques huttes. Mais au delà de cette pointe les montagnes reparaissent d'abord sur la rive droite, ensuite des deux côtés du fleuve. Elles sont générale-ment boisées et quelques-unes envoient jusque dans l'Amoûr leurs derniers contreforts terminés en caps rocheux. Toute la contrée est couverte de forêts épaisses plantées principalement de cèdres et habitées par des tigres.

Puis l'Amoûr reçoit un autre affluent assez im-portant, la *Gorine*, dont la vallée est remplie de rennes, de loutres et de martres. Cette rivière peut être considérée comme la limite orientale des Goldes, car on rencontre ensuite une autre peuplade, les *Mangounes*, qui se livrent à la chasse et à la pêche et ont beaucoup de ressemblance avec les Manègres. Avant d'arriver au lac *Kisi* le fleuve est resserré entre les montagnes et son cours devient plus étroit; il coule alors avec une si grande impétuosité, qu'il porte de nombreux troncs d'arbres arrachés sur ses bords et ravage quelquefois les îles basses qu'il rencontre. Souvent la navigation y est même dangereuse parce que dans certains endroits, se trouvent des hauts-fonds qui ont été formés par les roches et les sables trainés par la force du courant.

Le lac *Kisi* n'est en réalité qu'un vaste réservoir où l'Amoûr déverse une partie de ses eaux à l'époque de ses grandes crues et qui, au moment de la sécheresse, rend au fleuve le volume d'eau qu'il en a reçu. Il est situé sur la rive droite de l'Amoûr, avec lequel il communique par deux bras dont l'un baigne le poste russe de *Mariinsk*. Il n'est séparé de l'Océan que par un isthme de 16 kilomètres de largeur, de sorte qu'il semble vraiment que l'Amoûr voudrait se jeter par ce lac, dans la baie de Castries, formée par la Manche de Tartarie sur la côte orientale de la Mandchourie. Mais cet isthme est dominé par une série de hauteurs qui renferment ainsi les eaux du lac Kisi, et l'Amoûr rejeté dans la direction de la mer d'Okhotsk, trouve son embouchure un peu plus au nord. Il communique encore avec de nombreux lacs formés par ses inondations et reçoit plusieurs rivières dont la plus considérable est l'*Amgoune* qui se déverse sur sa rive gauche. En face du confluent de l'Amgoune se trouve le village de *Tyr*, où l'on a découvert plusieurs monuments qui rappellent, par des inscriptions en langues orientales, les âges de la grandeur et les limites du puissant empire mongol. Puis l'Amoûr fait brusquement un coude dans la direction de l'est, et se jette enfin dans la mer par un vaste estuaire obstrué par les sables, auquel on a donné le nom de « golfe de Sakhaliyan ».

Toute la contrée située près de l'embouchure de l'Amoûr et les rives du cours inférieur de la rivière Amgoune sont habitées par une peuplade à laquelle on a donné le nom de *Ghiliakes*. Quoique se trouvant en relations constantes avec les Russes, les Ghiliakes sont encore peu civilisés et ne ressemblent pas aux autres populations du bassin de l'Amoûr qui ont eu des rapports plus ou moins fréquents avec les Mandchoux. Cependant ils se livrent à la chasse comme les Manègres, bien qu'ils semblent préférer la pêche qui fait, durant la majeure partie de l'année, leur principale occupation.

Le versant du sud, qui constitue le second système orographique et hydrographique de la Mandchourie, est beaucoup moins important que le versant septentrional aussi bien par son étendue que par la longueur des cours d'eau qui l'arrosent. Mais si la géographie physique ne joue pas un grand rôle dans la contrée arrosée par le Sira-mouren, il n'en est pas de même de la géographie politique qui présente un champ beaucoup plus vaste à étudier à cause des nombreuses villes et de la population beaucoup plus dense du *Liao-toung*. L'aspect général est ici tout différent de celui de la région du bassin de l'Amoûr. C'est pourquoi on a déjà établi une division très nette entre la Mandchourie du Nord et la Mandchourie

du Sud. Ces deux contrées sont en quelque sorte
opposées l'une à l'autre; et tandis que les Toungouses des rives de l'Amoûr se tournent vers le
nord, du côté des cimes neigeuses des monts
Yablonoï, les populations du Liao-toung, au contraire, regardent vers le sud la mer Jaune et
Péking. D'ailleurs la province pourtant bien mandchoue de *Ching-king* est presque devenue une
province chinoise. La célèbre ville de *Moukden*,
l'ancienne capitale de la Mandchourie, n'est plus
connue des habitants que sous le nom que lui
donnent les Chinois (¹), et ceux-ci commencent à
cultiver la contrée fertile du Liao-toung, où ils
s'établissent maintenant en plus grand nombre
que les Mandchoux.

Le fleuve appelé   *Sira-mouren* ou
«Fleuve Jaune» par les Mongols, 遼河 *Liao-ho*
«Fleuve du Liao» par les Chinois et
Lookha bira par les Mandchoux, prend sa source
dans la montagne de *Pecha*, en Mongolie, et
coule assez longtemps dans cette dernière contrée
avant de pénétrer en Mandchourie. Sa direction
principale est à peu près celle de l'ouest à l'est,
jusqu'au moment où il entre dans la province de
Ching-king. Il franchit d'abord les dernières ra-

---

(1) Ils l'appellent actuellement 盛京 *Ching-king*; autrefois
ils lui donnaient le nom de *Ching-yang*.

mifications méridionales de la grande chaîne des monts Khinggan qui limitent la Mandchourie à l'ouest, puis il est traversé par la route de Péking à Tsitsikhar qui rejoint vers le nord le bassin de la Nonni. Il reçoit, sur sa rive droite, la rivière *Loha*, qui arrose le pays de la tribu mongole de Karatsin, et plus loin, sur sa rive gauche, la rivière *Hersu*, qui est formée par les nombreux ruisseaux descendant, au nord-ouest, des cimes neigeuses du Tchang Peh-chan. Après son confluent avec l'Hersu, il est resserré entre les contreforts rocheux des monts Kouang-ning qui prennent leur nom d'une ville située au sud-ouest de Moukden, dans la vallée du fleuve. Ces montagnes sont également célèbres dans l'histoire des Mandchoux, car avant la conquête de la Chine par ce peuple, elles servaient de limites entre la Mandchourie et l'Empire Chinois, de même que le Tchang Peh-chan formait la frontière sud-orientale et renfermait le berceau de la famille régnante. Mais ce n'est pas le seul rempart qui protégeait autrefois le pays célèbre des conquérants de la Chine; les barrières de pieux ou les palissades de saules élevées jadis par l'empereur Kang-hi formaient un second rempart, presque parallèle au premier, qui limitait la province de Moukden et la vallée du Liao-ho.

Après avoir dépassé les monts Kouang-ning, le fleuve fait un coude vers le sud et conserve cette direction jusqu'à son embouchure dans le golfe de Liao-toung. Il coule désormais en entier sur le territoire mandchou au milieu de la province de Ching-king (¹) et sur la contrée que les Chinois appellent le *Liao-toung*. Cette région n'est pas couverte de forêts aussi vastes et aussi touffues que celles qu'on rencontre dans le bassin de l'Amoûr ou de l'Ousouri; mais les Chinois qui s'y sont établis n'ont pas tardé à défricher les terres fertiles qu'ils ont ensuite cultivées.

Moukden, qui est la principale ville de ce pays, est aussi la plus importante de la Mandchourie. Elle est située sur la rive droite de la rivière *Chin*, qui est un affluent oriental du Sira-mouren. Ce mot ⟨ᠮᡠᡴᡩᡝᠨ⟩ *Mukden* lui a été donné par les Mandchoux; il dérive probablement de ⟨ᠮᡠᡴᡩᡝᠮᠪᡳ⟩ *mukdembi* qui signifie « s'accroître, s'élever, devenir riche et noble ». On voit par là combien les Mandchoux considéraient leur capitale comme la ville florissante par excellence. Les Chinois d'ailleurs l'appellent 盛京 *Ching-king* c'est-à-dire « la Capitale qui prospère », et aussi 奉天府 *Foung-tien fou*; mais cette dernière appellation est em-

---

(1) Sur les nouvelles cartes géographiques, on la trouve indiquée sous le nom de *Province du Liao-toung*; on a donc donné dans ces derniers temps à la province de *Ching-king* le nom qui autrefois désignait seulement la contrée située au sud de la Mandchourie, entre l'embouchure du Sira-mouren et celle du Yah-loh kiang.

ployée particulièrement dans le sens de «chef-lieu» ou de «ville», par rapport au district qui l'entoure. Son ancien nom, usité surtout pendant la dynastie des Ming, était 瀋 陽 *Chin-yang*, c'est-à-dire la ville qui est «située sur la rive septentrionale du Chin» (¹). Le 瀋 *Chin* ou 瀋 水 *Chin-choui* est la même rivière que les Mandchoux désignent sous le nom de 𝌆 *Simiya*. Les Chinois l'appellent encore 萬 泉 河 *Wan-tsiouen-ho* «Rivière des Dix-mille sources» et 五 里 河 *Ou-li-ho* «rivière de cinq lis». Il prend sa source à l'ouest du Tchang Peh-chan, coule au sud de Moukden et se jette dans le Sira-mouren. Moukden est aujourd'hui le chef-lieu de la province de Ching-king ou du Liao-toung. Elle est administrée par un maréchal tatare qui remplit les fonctions de vice-roi et se trouve placé sous l'autorité de l'empereur de Chine. Elle est entourée de deux murailles qui forment une double enceinte forti-fiée et en quelque sorte deux villes qui sont renfermées l'une dans l'autre. Dans la première enceinte, c'est-à-dire au centre de la ville, se trouvent les temples, les grands monuments et les tombeaux des empereurs de la dynastie man-dchoue; dans la seconde, on ne rencontre guère

---

(1) Le caractère 陽 *yang*, en chinois, désigne la rive septentrionale d'une rivière.

que des maisons habitées par des gens du peuple.

Après avoir reçu les eaux de la rivière Simiya qui passe près de la ville de Moukden, le fleuve continue sa course en serpentant vers le sud, au milieu de plaines quelquefois marécageuses, mais le plus souvent transformées en champs bien cultivés. Avant d'arriver à son embouchure, il passe devant le port de *Yin-hoa* ou *Ying-tse* actuellement ouvert au commerce européen et qui peut, grâce à sa profondeur, recevoir des navires de fort tonnage. Autrefois cette ville n'existait pas et le port qui dominait l'entrée du Sira-mouren était *Niu-tchouang*, petit bourg situé maintenant bien plus au nord, au milieu des terres, et qu'aucune rivière n'arrose plus aujourd'hui. Ce changement qui s'est opéré durant plusieurs siècles est dû à la quantité énorme de sables que traîne le Sira-mouren. C'est ainsi que les terres s'avancent chaque année aux dépens du golfe de Liao-toung dans lequel le fleuve déverse ses eaux et dépose des alluvions successives.

Le Sira-mouren a été de tout temps d'une grande utilité pour les Mandchoux, aussi bien au point de vue politique que commercial. C'est en effet en descendant son cours qu'ils ont pu pénétrer en Chine et ont attaqué les Chinois au XVIIe siècle. Par ce fleuve et par le Sounggari, les Chinois sont capables d'envoyer, de nos jours, une armée considérable aux confins de la Sibérie, afin de protéger de ce côté les limites de leur vaste empire. C'est encore par ce même chemin qu'ils écoulent leurs marchandises pour les échanger ensuite aux peuplades des rives de l'Amoûr. Les empereurs de la dynastie mandchoue ont d'ailleurs fait construire de nombreuses forteresses et établi des postes militaires dans toute cette contrée.

Parmi les fleuves qui font partie du versant sud, on peut encore citer, en raison de son importance, le *Yah-loh kiang*, qui sort comme nous l'avons vu de la Longue Montagne Blanche, forme, sur une grande partie de son cours, la limite entre le territoire mandchou et la Corée et déverse ses eaux dans la région la plus septentrionale de la mer Jaune.

E.-J. BRILL, imprimeur de la Société Sinico-Japonaise, à Leide.

www.ingramcontent.com/pod-product-compliance
Lightning Source LLC
Chambersburg PA
CBHW051255030726
47595CB00003B/1257